BEI GRIN MACHT SICH IHR
WISSEN BEZAHLT

- Wir veröffentlichen Ihre Hausarbeit,
  Bachelor- und Masterarbeit

- Ihr eigenes eBook und Buch -
  weltweit in allen wichtigen Shops

- Verdienen Sie an jedem Verkauf

Jetzt bei www.GRIN.com hochladen
und kostenlos publizieren

Bibliografische Information der Deutschen Nationalbibliothek:

Die Deutsche Bibliothek verzeichnet diese Publikation in der Deutschen National-
bibliografie; detaillierte bibliografische Daten sind im Internet über http://dnb.d-
nb.de/ abrufbar.

Impressum:

Copyright © 2007 GRIN Verlag, Open Publishing GmbH
Druck und Bindung: Books on Demand GmbH, Norderstedt Germany
ISBN: 9783640656356

Dieses Buch bei GRIN:

http://www.grin.com/de/e-book/153411/us-amerikanische-staedte-das-beispiel-
chicago

Benjamin Küster

US-Amerikanische Städte: Das Beispiel Chicago

GRIN Verlag

Philipps-Universität Marburg
Fachbereich Geographie
US Stadtgeographie
Leitung: Dipl.-Geogr. Jörg Geier
Referent: Benjamin Küster
SS 2007
Datum: 04.06.2007

US-Amerikanische Städte
– das Beispiel Chicago

Gliederung:

1. Die US-amerikanische Stadt

    1.1 Aufbau und Merkmale der US-amerikanischen Stadt   S. 3
    1.2 Funktionsverluste der Central Business Districts   S. 3
    1.3 Entwicklung von Slums und Ghettos   S. 4
    1.4 Suburbanisierung   S. 4
    1.5 Aufstieg US-amerikanischer Städte   S. 5

2. Die US-amerikanische Stadt Chicago

    2.1 Einführung   S. 6
    2.2 Die geographische Lage   S. 6
    2.3 Die Entwicklung Chicagos   S. 6
    2.3.1 Der frühe Aufstieg der Stadt 1770-1850   S. 6
    2.3.2 Die wirtschaftlichen Impulse 1850 - 1870   S. 7
    2.3.3 Von der Großen Feuersbrunst bis zur Großen Depression 1870-   S. 7
    1900
    2.3.4 „Plan of Chicago", Weltwirtschaftskrise und Zweiter Weltkrieg 1900-   S. 7
    1945
    2.3.5 Prozesse der Dezentralisation und der Revitalisierung 1945-1970   S. 8
    2.3.6 Die Entwicklung seit 1970   S. 8
    2.4 Der „Loop"   S. 9
    2.5 Stadterneuerungspolitik in Chicago   S. 9
    2.6 Main-Street-Erneuerung: State Street, Chicago   S.11

3. Schluss

    3.1 Gegenwärtige Situationen in Chicago   S. 11
    3.2 Fazit: Chicago   S. 12

4. Literaturverzeichnis   S. 13

1. Die US-amerikanische Stadt

1.1 Aufbau und Merkmale der US-amerikanischen Stadt

In Nordamerika herrscht eine Differenzierung von Siedlungen in cities, town und villages. Die nordamerikanische Stadt ist durch zwei besondere Merkmale gekennzeichnet. Zum einen durch ein schachbrettartiges orthogonales Straßennetz und zum anderen durch eine Hochhaus- oder Wolkenkratzerbebauung. Diese Wolkenkratzer sind meist in den Großstadtkernen sowie in jüngerer Zeit auch in einzelnen Außenstadtzentren zu finden. Das orthogonale Straßennetz lässt sich auf das quadratische Landvermessungssystem Amerikas zurückführen. Bei diesem Vermessungssystem wirde das Land in quadratmeilengroße Abschnitte, so genannte sections, geteilt. Jede dieser sections teilt man wiederum in 12 Baublöcke mit Seitenlängen von jeweils 100 Meter. Die Baublöcke werrden in den meisten Städten durch schmale Hintergassen, den alleys, zweigeteilt.

Aber es gibt in Amerika auch Städte, die von diesem „Schachbrettmuster" abweichen. Ein Beispiel stellt die Hauptstadt Washington D. C. dar, die sich besonders durch diagonal verlaufende Avenues, in deren Schnittpunkt sich das Kapitol und das Weiße Haus befinden, auszeichnet.

Das amerikanische Stadtsystem bringt auch einige Probleme mit sich. Ein Problem ist in vielen amerikanischen Städten die Flächenbeanspruchung des ruhenden Verkehrs. Die Ursachen dafür sind das Straßennetz, der hohe Motorisierungs- und Mobilitätsgrad der Bevölkerung und die Konzentration der Wolkenkratzer in den zentralen Geschäftsbezirken (Central Business Destrict). Durch die Konzentration von Wolkenkratzern im Stadtzentrum kommt es zu einer hohen Anzahl von Angestellten in Büros sowie von Besuchern in Geschäften und Restaurants auf relativ kleinem Raum. Dies führt zu einem enormen Parkplatzproblem. Diesem Problem hat man in den vergangenen Jahrzehnten versucht entgegenzuwirken, in dem neue Standorte für Büros und den Einzelhandel angelegt wurden. Diese befinden sich meist an Schnellstraßen in den Rand- und Vorortzonen von Städten. Diese so genannte Entlastung oder Entleerung der Innenstädte wird als Dezentralisierung bezeichnet (vgl. HEINEBERG 2001, S. 248-250).

1.2 Funktionsverluste der Central Business Districts

Ein Merkmal der US-amerikanischen Stadtentwicklung ist der Funktionsverlust der zentralen Geschäftsbezirke. Dieser wird durch die Überalterung der Bausubstanz der Gebäude im Stadtzentrum, durch eine starke Bevölkerungssuburbanisierung und durch die Entstehung von Edge Cities hervorgerufen. Ein anderes Problem ergibt sich auf Grund der bedeutungsvollen Leerstandsraten in den neu gebauten Wolkenkratzern. Da es immer mehr zu einer Arbeitsplatzverlagerung vom CBD zu den Außenstadtzentren kommt, bilden sich durch ein Überangebot von Büroräumen im Stadtzentrum immer höhere Leerstandsraten.

Der Funktionsverlust des CBD soll durch eine Reihe von Maßnahmen, die zur Attraktivitätssteigerung der CBDs führen sollen, aufgehalten werden. Dies soll zum Beispiel durch den Bau moderner Kongresszentren, exklusiver Wohnanlagen und großer Sportarenen erreicht werden. In einem weiteren Schritt erfolgt der Bau von neuen Erschließungsstraßen und Fußgängerzonen. Auf diese Weise soll das veraltete gitterförmige Verkehrsnetz umgestaltet werden (vgl. HEINEBERG 2001, S. 251).

1.3 Entwicklung von Slums und Ghettos

Ein weiteres Merkmal der amerikanischen Stadt ist die Bildung von Ghettos und Slums. In Ghettos gibt es eine räumliche Konzentration ethnischer Minderheiten. Dadurch entsteht eine rassische Segregation. In Amerika lebt meist die schwarze Bevölkerung in Ghettos. Slums weisen eine Konzentration von Bewohnern der Unterschicht auf und sind durch den baulichen Verfall der Gebäude gekennzeichnet. Dieser entsteht durch fehlende Investitionen in die Gebäude. Außerdem herrscht in Slums eine hohe Kriminalitätsrate.

Die Ghetto- und Slumbildung schreitet in den amerikanischen Städten immer weiter fort und stellt ein großes Problem dar. Als Ursache ist die Besonderheit des amerikanischen Immobilieninvestments zu nennen, das durch geringe Renditen der Unterschichtsviertel keine Investitionen tätigt. Auch die enorme Zuwanderung von unterschiedlichen Nationalitäten, die Armut von unterprivilegierten Gruppen und die Wohnsegregation sind als Ursache zu nennen. So muss die einkommensschwache und arbeitslose Bevölkerung in die, vom Mittelstand freigegebenen, Altbaugebiete der Kernstädte ziehen. Dieser Vorgang wird als „filtering down" bezeichnet (vgl. HEINEBERG 2001, S. 251-253).

1.4 Suburbanisierung

Der Suburbanisierungsprozess gehört mit den daraus erwachsenen Siedlungsformen zu den bedeutenden Kennzeichen der US-amerikanischen Stadtlandschaft.

In der amerikanischen Gesellschaft ist eine Tendenz zum Wohnen in den Vorstädten zu erkennen. Diese reicht bis in die erste Hälfte des 19. Jahrhunderts zurück und führt zu einer bis in die Gegenwart andauernden Bevölkerungsverlagerung aus den Zentren der Verdichtungsräume in die Suburbs.

Gefördert wurde dieser Prozess vor allem durch die staatliche Wohnungsbaupolitik, welche Neubauten anstelle von Altbausanierungen bevorzugte. Ebenso trug die Steuerpolitik, die es ermöglichte Hypothekenzinsen vom Einkommen abzusetzen, zu einer Verstärkung des Prozesses bei. Eine wichtige Rolle spielt auch die private Motorisierung, sowie die Bereitwilligkeit der Steuerzahler das Autobahnnetz in den Verdichtungsräumen zu finanzieren.

Der Wunsch weg vom innerstädtischen Leben hin zum suburbanen Lebensstil, welcher die Integration ländlicher Elemente im neuen Wohnort beinhaltet, wird immer größer. Dabei ist die Gestaltung des Hauses und die Grundstücksgröße ebenso wichtig wie das Streben nach einer größtmöglichen sozioökonomischen und rassisch-ethnischen Einheitlichkeit. Bis in die frühe Nachkriegszeit zeichnete sich die Landnutzung der Suburbs besonders durch eine Dominanz der Wohnfunktion und eine Abwesenheit von Industrie und Gewerbe aus.

Seit den 1960er Jahren sind jedoch viele Suburbs zu unabhängigen Standorten für moderne Industrie sowie den tertiären Sektor geworden. Ein entscheidendes Merkmal der suburbanen Siedlungen ist heute die zunehmende ethnische Vielfalt.

Durch die Liberalisierung der Einwanderungsgesetzgebung im Jahr 1965 kam es in den folgenden Jahrzehnten zu einem dauerhaften Anstieg der Einwandererzahlen vor allem aus Lateinamerika und dem asiatischen Raum. Die Einwanderer auch als ethnische Minderheiten bezeichnet, siedelten sich besonders in den amerikanischen Kernstädten an. Im suburbanen Raum liegt ihr Anteil noch deutlich unter demjenigen der „weißen" Bevölkerung. Jedoch ist in den letzten Jahren eine Tendenz der schrittweisen Verringerung dieses Unterschiedes zu verzeichnen. Es ist zu beobachten, dass sich die Immigranten nicht mehr, wie in der Vergangenheit der Fall war, nur in den Kernstädten, sonder zu gleichen Teilen im urbanen Sektor und der Kernstadt ansiedeln. Zusammen mit den Wanderungsbewegungen aus der Kernstadt in die Peripherie erhöhte sich die Minderheitenbevölkerung im suburbanen Sektor zwischen 1990 und 2000 um 74,8%. Die Zahl der „Weißen" nahm im gleichen Zeitraum um 11,1% zu. Letztendlich lässt sich also festhalten, dass es immer mehr Menschen in den suburbanen Bereich der Städte zieht.

Es ist jedoch zu beachten, dass der sich langsam auflösende Gegensatz, von hauptsächlich Minderheitenbevölkerung in den Kernstädten und weißer Bevölkerung im suburbanen Bereich, regionale Unterschiede aufweist. So ist der ethische Gegensatz zwischen den Kernstädten und dem suburbanen Raum beispielsweise in Chicago noch deutlich höher ausgeprägt als in Los Angeles.

Ein weiterer wichtiger Aspekt ist, ob die Suburbanisierung zu einer verstärkten ethnischen Integration und der Entstehung gemischt-ethnischer Nachbarschaften führt. Als Ergebnis ist festzustellen, dass trotz des Suburbanisierungstrends der ethnischen Minoritäten die ethnische Segregation immer noch außerordentlich wirksam ist und von einer Integration in den meisten amerikanischen Städten keine Rede sein kann. Im Zeitraum von 1990 bis 2000 ist die Segregation zwischen der weißen und afroamerikanischen Bevölkerung zwar etwas zurückgegangen, allerdings werden die Suburbanisierungsprozesse dieses Problem allein nicht lösen können (vgl. THIEME & LAUX 2005, S. 40-51).

1.5 Aufstieg US-amerikanischer Städte

In den 1980er Jahren wird in den USA der Begriff „Global City" erwähnt. Dieser Begriff beschreibt Städte, die die Funktionen von Weltstädten besitzen. Die drei größten Städte der USA sind New York, Chicago und Los Angeles, von denen jede in einer anderen wirtschaftlichen und politischen Phase zur Weltstadt aufgestiegen ist. Hierbei spielen Lagevorteile oder politische Entscheidungen eine wichtige Rolle. Für das enorme Wachstum der drei Städte sind fünf Phasen der amerikanischen Entwicklung entscheidend. Nämlich erstens die Phasen von der Gründung der Kolonien bis 1820, zweitens die Phase der frühen Industrialisierung von 1820 bis zur Depression der 1870er Jahre, drittens die Phase der Hochzeit der Industrialisierung der 1870er Jahre bis zur großen Einwanderungswelle der 1920er Jahre, viertens die Phase des Börsencrashs von 1929 bis in die 1970er Jahre und fünftens die Phase der globalen Restrukturierung seit den 1970er Jahren. Für Chicagos Aufstieg spielt die dritte Phase eine wichtige Rolle (vgl. HAHN 2004, S. 12-15).

2. Die US-amerikanische Stadt Chicago

2.1 Einführung

Die Stadt Chicago liegt am westlichen Lake Michigan. Dank seiner hervorragenden Verkehrslage im Mittleren Westen der USA kann sie sich noch im 19. Jahrhundert zur klassischen Wirtschaftsmetropole entwickeln. Es gibt sehr viele nationale und internationale Zuwanderungen, welche zu einem enormen Bevölkerungswachstum führen. Die hohe Anzahl unterschiedlicher Bevölkerungsgruppen sind mit immensen Segregationsprozessen verbunden. Anhaltende Suburbanisierungsprozesse führen zu funktionalen Verlagerungen und zu sozialen Kontrasten der Wohnstandorte.

Die derzeitige Siedlungsstruktur ist das Ergebnis eines Prozesses der sich über mehr als eineinhalb Jahrhunderte hinweg vollzog. Der Einsatz moderner technischer Möglichkeiten und Innovationen ermöglicht in Chicago die erste Konstruktion von Hochhäusern, die noch heute die Stadt Chicago charakterisiert (vgl. LAFRENZ 2001, S. 438).

2.2 Die geographische Lage

Chicago wird ursprünglich durch den Wasserweg und später durch den Ausbau des Eisenbahnnetzes zum größten Verkehrsknotenpunkt im Inneren der USA. Die Gründe dafür sind die Lage in der Annäherung vieler Landverkehrswege nahe der südlichen Spitze des Lake Michigan, der Platz an der engen Wasserscheide an der die Flussläufe zur Ost- und zur Südküste der USA auseinander treten, der Platz inmitten der ertragreichen Landwirtschaft des Mittleren Westen der USA und die Lage nahe wichtigen Ressourcen, wie den Eisenerzlagern von Wisconsin, den Kohleflözen von Illinois und den großen Wäldern im Norden (vgl. LAFRENZ 2001, S. 439).

2.3 Die Entwicklung Chicagos

2.3.1 Der frühe Aufstieg der Stadt 1770-1850

Im 18. Jahrhundert befindet sich an der Stelle des heutigen Chicagos ein Handelsposten für Pelze. 1803 wird Fort Dearborn als westlichster Militärposten der USA errichtet. 1829 entsteht um die Gabelung des Chicago River eine Siedlung, welche die Keimzelle der heutigen Stadt bildet. Das Geld vom Verkauf der Grundstücke soll den Bau des Grand Erie Canal und den Bau des „Illinois & Michigan Canal" finanzieren. Die Siedlung wird schematisch dem ursprüngliche Schachbrettmuster der Vermessung angepasst. 1836 zählt die Siedlung schon ca. 4000 Einwohner und bekommt damit das Stadtrecht verliehen. Nachdem in den 40er Jahren des 18. Jahrhunderts viele europäische Einwanderer nach Chicago kommen, steigt die Bevölkerung 1850 auf etwa 30.000 Personen an (vgl. LAFRENZ 2001, S. 441-443).

2.3.2 Die wirtschaftlichen Impulse 1850 - 1870

Durch den Bau des „Illinois & Michigan Canal" und den Bau des Eisenbahnnetzes wird Chicago 1850 zum größten Eisenbahnknotenpunkt der Welt, welcher den Osten mit dem Westen der USA verbindet. Dieses führt zu einer Zunahme von Handel und Industrie besonders von Agrarprodukten sowie der Holz- und Fleischverarbeitung. Chicago entwickelt sich seit den 1860er Jahren zum wichtigsten Transport- und Großhandelszentrum im Mittleren Westen. Des Weiteren wird ein Schulsystem aufgebaut und die erste Universität gegründet.

In der zweiten Hälfte des 19. Jahrhunderts wächst die Stadt weiter. Im Kern siedeln sich zahlreiche Geschäfte an und im Süden der Stadt bildet sich ein Wohngebiet der wohlhabenden Bevölkerung. Durch die Einführung einer Pferdebahn und Parkanlagen, die durch große Avenuen verbunden sind, wächst die Stadt weiter (vgl. LAFRENZ 2001, S. 443-449).

2.3.3 Von der Großen Feuersbrunst bis zur Großen Depression 1870-1900

In den 70er Jahren des 19. Jahrhunderts sorgt ein enormes Wirtschaftswachstum für aufsteigenden Wohlstand. Nachdem 1871 eine große Brandkatastrophe 300 Menschen getötet und 18000 Gebäude zerstört hat, wird jegliche Holzbauweise in der Stadt eingestellt. Der ärmere Teil der Bevölkerung wird dadurch gezwungen an den Rand der Stadt zu ziehen. So bildet sich ein Kontrast zwischen der steinernen Stadt und den hölzernen Vororten. Durch eine steigende Nachfrage der Büroflächen und den damit verbundenen steigenden Bodenpreisen im Stadtzentrum, entstehen 1885 die ersten Wolkenkratzer. Es entwickeln sich neue Industriestandorte auch außerhalb der Stadt. Diese benötigen viele neue Arbeitskräfte, welche zum größten Teil aus Zuwanderern verschiedener ethnischer Gruppen bestehen. Diese wohnen westlich und südlich des Zentrums in den überfüllten Gebieten, in Holzhäusern mit niedrigen Mieten. Die Bevölkerung der Mittelklasse zieht in immer weiter entfernte Standorte. Vor allem durch die Entwicklung des Automobils wird die suburbane Besiedlung immer weiter vorangetrieben (vgl. LAFRENZ 2001, S. 449-457).

2.3.4 „Plan of Chicago", Weltwirtschaftskrise und Zweiter Weltkrieg 1900-1945

1906 wird für Chicago ein so genannter „Master Plan" aufgestellt. Dieser umfasst eine Fläche von 95 km um das Stadtzentrum. Es soll ein räumliches System aus einer Hierarchie der Straßen, einer Folge von Plätzen und Parkanlagen und ein neues Stadtzentrum um einen Monumentalplatz entstehen. Das vorhandene Schachbrettmuster soll nach außen hin weitergeführt werden und durch ein System von radialen und konzentrischen Boulevards und Ringstraßen ausgeweitet werden. Dieser Plan bildet bis in die 1930er Jahre die Grundlage örtlicher Verkehrs- und Landschaftsplanungen. So werden entlang des Seeufers zahlreiche Parkanlagen angelegt, eine Brücke über den Chicago River gebaut, zahlreiche Hochhäuser und Einkaufszentren errichtet und durch die erschlossenen neuen Flächen kann der

CBD expandieren. Ebenfalls entstehen viele neue Wohngebiete für die wachsende Bevölkerung. Erst 1927 bewirkt die Weltwirtschaftskrise, welche die Chicagoer Industrie ziemlich schwer trifft, ein Nachlassen der Bautätigkeit. Vor allem viele Afroamerikaner verlieren ihren Arbeitsplatz. Doch als die Nachfrage an Kriegsmaterial im Zweiten Weltkrieg steigt, gibt dies der Schwerindustrie einen erheblichen Auftrieb (vgl. LAFRENZ 2001, S. 458-464).

2.3.5 Prozesse der Dezentralisation und der Revitalisierung 1945-1970

In den 50er Jahren verstärkt der Bau eines großen Schnellstraßennetzes die Auslagerung von Dienstleistungen aus dem Stadtzentrum. So entstehen große Umschlagplätze des Güterverkehrs nahe den Schnellstraßen. Die Stadt verliert so immer mehr Arbeitsplätze an die Vororte. Die neuen Vororte wollen sich nicht mehr eingemeinden lassen, um sich nicht mit den steigenden Soziallasten für die wachsende Segregation zu belasten. Die Folgen der Dezentralisation werden besonders durch die Abnahme der Steuereinnahmen in Chicago sichtbar.

Daraufhin soll die „Downtown" revitalisiert werden, indem man versucht, das Stadtzentrum zu beleben und wettbewerbsfähiger gegenüber den außengelegenen Flächen zu machen. Bauliche Neugestaltungen und massive Flächensanierungen durch neue imposante Hochhäuser sollten das Stadtzentrum attraktiver machen. Doch die neue interessanten Gebäude und großzügigen Wohnanlagen lösen eine „Gentrification" aus. Die schwarze Bevölkerung sieht sich durch eine verstärkte Wohnungsnachfrage und durch den Verfall von billigen Wohnungen der Segregation und Isolation ausgesetzt. Die ärmere, meist schwarze Bevölkerung, lebt in dicht besiedelten Stadtteilen mit hoher Arbeitslosigkeit und hoher Kriminalität (vgl. LAFRENZ 2001, S. 464-469).

2.3.6 Die Entwicklung seit 1970

Die bevorzugten Standorte moderner Industriebetriebe bilden sich immer mehr an den Achsen entlang der neuen Schnellstraßen. Die neunen suburbanen Gewerbeparks zeichnen sich durch Steuervergünstigungen, durch die Nähe zu den Highways und durch verfügbares Bauland aus. Die alten Industrieareale in der Downtown versucht man mit Hilfe verschiedener Programme, wie dem Bau neuer, attraktiver Hochhäuser, wie dem Sears Tower (1973), aufzuwerten.

Seit dem Zweiten Weltkrieg macht Chicago einen demographischen Wandel durch. Während Chicago 1950 noch 5 Mio. Einwohner zu verzeichnen hat, leben dagegen 1990 nur noch 2,78 Mio. Einwohner in der Stadt. Die Bevölkerung außerhalb der Stadt steigt jedoch von 1970 und 1990 von 0,87 Mio. auf 4,57 Mio. Einwohner an. Ein Grund hierfür liegt darin, dass 1990 etwa 39% der Bevölkerung in der Stadt Afroamerikaner sind. Die weiße Bevölkerung zieht es somit immer mehr in die Stadtrandgebiete und die Vororte. Bis heute lebt die schwarze Bevölkerung in Chicago größtenteils im so genannten „Black Belt". Dieser besteht aus aneinander gereihten Ghettos mit einer hohen Arbeitslosigkeit und großer Armut. Die ethnische Segregation ist der strukturelle Schlüsselfaktor für das Andauern der Armut unter der schwarzen Bevölkerung (vgl. LAFRENZ 2001, S. 469-474).

2.4 Der „Loop"

In den 80er Jahren des 19. Jahrhunderts werden viele Bauwerke mit zehn bis dreiundzwanzig Stockwerken gebaut. Diese „Wolkenkratzer" befinden sich meist nicht isoliert, sondern nebeneinander. Sie bilden den neuen Orientierungspunkt Chicagos, den „Loop". Der „Loop" bildet das Geschäftszentrum der Stadt und der Vorläufer des heutigen CBD. In Chicago wird der CBD als „Loop" bezeichnet, weil er von einer Ringhochbahn begrenzt wird. Die Hochhäuser des Loops werden alle nach dem gleichen Quaderprinzip errichtet und unterscheiden sich nur durch ihre Höhe und Breite. In den ihnen befinden sich Banken, Versicherungsbüros, Kaufhäuser und Behörden. Alles soll sich im Prinzip im gleichen Gebäude abwechseln können. Durch die Ansammlung vieler Hochhäuser auf einer relativ kleinen Fläche wird sowohl Führung als auch Konkurrenz ermöglicht. Die Zusammenfassung vieler Menschen in einem großen Gebäude mit unterschiedlichen Ebenen verkörpert Führungsstrukturen.
Ein Problem bleibt allerdings die technich-konstruktive Fähigkeit, die sich auf die Tragfähigkeit der Gebäude bezieht. Es wurden zwar auch früher schon kolossale Einzelbauwerke, wie zum Beispiel Kathedralen errichtet, allerdings steht bei den Hochhäusern die Tragleistung in keinem Verhältnis zur Größe des Bauwerks. Hohe Gebäude können nur mit sehr dicken Mauern gebaut werden, was ihre Nutzbarkeit erheblich einschränkt. Durch den Eisenbau kommt es schließlich zu einer Konstruktionsrevolution. Die spezifische Festigkeit, Elastizität und Formbarkeit des Eisens ermöglicht den Aufbau von verzweigten Streben-Systemen, welche große Druckkräfte aushalten können. So wird ein Stahlskelett mit relativ dünnen Mauern ohne Tragaufgaben in vielen Etagen übereinander montiert. 1879 entsteht das erste Gebäude, das „Leiter-Building" in Chicago, nach dieser Bauart.
Heute besitzt Chicago mehr Gebäude mit Stahlskelett als alle anderen amerikanischen Städte zusammen. Die Erfindung von Fahrstuhl und Rolltreppe folgt wenig später (vgl. HELD 2004, S. 110-117).

2.5 Stadterneuerungspolitik in Chicago

In den USA gibt es gegenwärtig einen Widerstand in der Bevölkerung gegen die Stadtentwicklungsprozesse. Die Gründe dafür liegen in der Beschränkung der Wohnstandortwahl und der Zunahme exklusiver Stadtteile und Zerstörungen gewachsener Nachbarschaften.
Chicago gilt als eine der am stärksten segregierten Städte der USA. Besonders die Benachteiligungen durch unfreiwillige Aus- und Abgrenzung ist in einigen Stadtteilen ein Problem. Als Beispiel für einen solchen Stadtteil lässt sich der Stadtteil „Uptown" anführen.
In „Uptown" herrscht ein großer Segregationsdruck, der besonders durch die Krise auf dem Chicagoer Wohnungsmarkt und durch die Planungen der Stadtteilerneuerungen entstanden ist. „Uptown" bietet in ethnischen, ökonomischen und kulturellen Fragen ein vielfältiges Angebot. Er entsteht Mitte des 19. Jahrhunderts und ist geprägt von einer baulich-räumlichen Struktur mit einer blockweisen Abstufung von Gebäudestrukturen und Bebauungsdichten. Außerdem ist eine Mischung von Dienstleistungen, Wohnen und gewerbliche Nutzen typisch. „Uptown" setzt sich aus mehreren alten Stadtteilen zusammen. Seine südliche Grenze liegt etwa 8 Kilometer von Chicagos Zentrum entfernt.

Nachdem 1880 die Besiedlung beginnt, wird „Uptown" 1889 Stadtteil von Chicago. Zwischen 1890 und 1920 wird das größte Wachstum verzeichnet. Die Einführung einer Buslinie und die Entwicklung eines Parks und der Strände am Lake Michigan führen zu einer höheren Lebensqualität des Gebietes und zu einem Anstieg der Bodenpreise. Dies führt wiederum zu einer dichteren Bebauung. So werden neue Appartementhäuser und Hotels gebaut. In diesem Zeitabschnitt entwickelt sich „Uptown" auch zu einem florierenden Einkaufs- und Unterhaltungszentrum mit zahlreichen Kneipen und Bars. Die attraktiven Wohngebäude und eine gute Verkehrsanbindung ziehen viele Singles nach „Uptown". Das führt dazu, dass die älteren Gebäude in größere Miethäuser umgebaut werden. Durch den Wohnraummangel werden Wohnungen oft in kleinere Wohneinheiten (Kitchenette-Wohnungen) umgebaut. Uptown bleibt bis in die 50er Jahre des 19. Jahrhunderts trotz vieler überbelegter Wohnungen ein attraktiver Stadtteil Chicagos.

Zwischen 1960 und 1990 wird die Anzahl der Wohneinheiten durch Zusammenlegung, Feuer und Abriss reduziert. Dies geschieht durch die Umwandlung von Mietwohnungen in Eigentumswohnungen, durch den Gebäudeverfall und leerstehende Häuser, die zum Teil abgerissen werden. Auch die Immobilienindustrie, die mit Strategien wie „Steering", „Block Busting", „Panic Paddeling" und „Redlining" mittels rassistischer, sozialer und ökonomischer Diskriminierung versucht die Bausubstanz der Gebäude abzuwerten, spielt dabei eine wichtige Rolle. Gebäude werden zu niedrigen Preisen gekauft und nach anschließendem Neubau oder Sanierung mit hohem Gewinn wieder verkauft.

Ab 1955 führen eine hohe Arbeitslosenrate, viele verfallene Gebäude und schlechte Wohnbedingungen zu einer Verschlechterung des Ansehens von „Uptown". Besonders der südliche Stadtteil ist davon betroffen und gilt einige Zeit als Slum. Dies führt zu einer Trennung des nördlichen und des südlichen Stadtteils.

Heute besitzt „Uptown" ein uneinheitliches Image. Es gibt sowohl eine hohe Konzentration an öffentlich geförderten Mietwohnungen als auch eine große Anzahl an Haushalten mit hohen Einkommen. „Uptown" besticht durch das Zusammenleben von Bevölkerungsgruppen mit unterschiedlichen sozioökonomischen Status. Durch Organisationen, wie der „Community organizer", gelingt es neuen preiswerten Wohnraum zu schaffen. Da Uptown einen sehr hohen Anteil an Minoritäten in der Bevölkerung, wie African American (37%), Hispanics/Latinos (26%) und Asien Americans (4%) besitzt, ist dieses besonders wichtig.

Ein gegenwärtiges Problem stellt für die in „Uptown" lebende Bevölkerung die Bedrohung durch zugezogene Stadtteilbewohner aus anderen Stadtteilen oder Städten dar. Die zugezogenen Bewohner fordern die Stärkung von Dienstleistungen und sind gegen den großen Anteil von subventionierten Wohnungen. Für die alten Bewohner droht die ethnische, kulturelle und ökonomische Vielfalt zu schwinden, was zu erheblichem Widerstand führt. Darum wird die zukünftige Entwicklung „Uptowns" davon abhängen, welche der beiden Interessensgruppen den größeren Einfluss im weiteren Entwicklungsprozess ausüben kann. (vgl. KASPER 2004, S. 69-86).

2.6 Main-Street-Erneuerung: State Street, Chicago

Bei dem Main-Street-Programm handelt es sich um eine Strategie der Zentrumserneuerung in den USA. Dieses beschäftigt sich mit der Restaurierung von historischen Gebäuden und mit der Errichtung sich einfügender Neubauten, was wirtschaftlich betrachtet die Neuansiedlung von hauptstraßenspezifischen Nutzungen mit sich bringt. Das Programm beinhaltet inzwischen mehr als 1200 Revitalisierungsprojekte, mit dessen Hilfe ca. 27.000 neue Unternehmen und mehr als 100000 neue Arbeitsplätze geschaffen wurden.

Die Revitalisierung von Main Streets und die Wiederbelebung von Hauptstraßen betreffen in erster Linie kleine und mittlere amerikanische Städte. Aber sie beschäftigen sich auch mit Großstädten, wie zum Beispiel die Erneuerung der legendären „State Street" von Chicago zeigt. Die „State Street" zeichnet sich vor allem durch die einzigartige Dichte besonders schöner architektonischer Bauten aus. So wird die Straße von 20 Baudenkmälern gesäumt, von denen neun auf der nationalen Liste eingetragen sind. Es wird auch bei der Gestaltung des Straßenraumes viel Wert auf große Sorgfältigkeit gelegt. Bis vor kurzem war die „State Street" eine isolierte und nicht sehr saubere Fußgängerzone. Seit 1996 wird sie mit dem Einsatz von 25 Mio. Dollar wieder zu einer Straße für Autos und Fußgänger hergestellt. Darauf folgt die Errichtung neuer U-Bahneingänge, historischer Straßenlampen, Hinweisschilder auf Baudenkmälern und die Pflanzung hunderter neuer Bäumen und Pflanzen an den Bürgersteigen. Außerdem wird für eine erstklassige Pflege des öffentlichen Raums gesorgt. Ziel dieses Projekts ist eine Nutzungsmischung mit Einzelhandel, Wohnen in Loft-Appartements, Hotels und Restaurants, sowie Kultur- und Entertainment - Einrichtungen.

Abschließend ist anzumerken, dass optisch mit „deutschen Augen" gesehen die Revitalisierung der State Street nicht außergewöhnliches ist. Dennoch bleibt so eine Sorgfalt im öffentlichen Raum amerikanischer Großstädte die Ausnahme (vgl. BODENSCHATZ & KEGLER 2000, S. 56-58).

3. Schluss

3.1 Gegenwärtige Situationen in Chicago

Die Entwicklung amerikanischer Städte in den letzten Jahrzehnten bringt eine Reihe von Vor- aber auch Nachteilen. Dies ist besonders bei Chicago der Fall.

Chicagos CBD ist das Finanzzentrum des gesamten Mittleren Westens der USA. Die Stadt bildet eines der wichtigen gewerblichen Zentren der USA und der Flughafen gehört zu den größten der Welt. Berühmte Architektur, denkmalgeschützte Häuser, riesige Hochhäuser, Lofts und Luxuswohnanlagen sowie große öffentliche Parks entlang des Michigan Sees charakterisieren das Stadtbild Chicagos. Wirtschaftlich entwickelt sich Chicago immer mehr von einer Arbeiterstadt zur „Besucherstadt". Durch den Bau von Freizeit-, Unterhaltungs- und Messezentren wird Chicago immer mehr zu einer Touristenattraktion. Viele Banken und Hightech-Firmen haben ihren Hauptsitz in der Innenstadt. In den letzten Jahren steigt die Nachfrage durch Bevölkerungsgruppen mit überdurchschnittlichen Einkommen nach hochwertigen „Luxuswohnblöcken" in der Innenstadt, was die Sanierung von Wohnraum und Neubauten sowie ein Wachstum der Bevölkerung nach sich zieht.

Die Kehrseite der Medaille sieht dagegen nicht so positiv aus. Bevölkerungsgruppen mit niedrigen Einkommen werden durch steigende Mieten und Grundsteuern aus ihren Wohnungen getrieben. Dies betrifft vor allem Immigranten und ethnische Minderheiten. So werden durch die Gentrifizierung die ethnische Zusammensetzung der zentrumsnahen Stadtteile verändert und durch unfreiwillige Umsiedlung soziale Beziehungen zerstört. Eines der größten Probleme Chicagos ist die Verfügbarkeit von preiswertem Wohnraum, welche zu Obdachlosigkeit und überbelegten Wohnungen in Chicago führt.

Ein weiteres Problem stellen die hohen Leerstandsraten Chicagos und die Wohnungen der Unterschicht mit katastrophalen Lebensbedingungen dar. Diese ergeben sich aus der schlechten Instandhaltung der Gebäude und mangelhafter Wohnungsverwaltung. Da eine Sanierung vieler Gebäude als nicht finanzierbar bewertet wird, werden sie einfach abgerissen. Dadurch verschlimmert sich die Krise auf dem Mietwohnungsmarkt nur noch mehr. Die Folge ist die Segregation der Bevölkerung nach Einkommen, Hautfarbe und Familiengröße.

Die bestehenden städtischen und nationalen Programme zur Förderung von preiswertem Wohnraum sind eher unbedeutend. Mehr Beachtung dagegen erfahren „community organizations" auf Stadtteilebene. Diese beschäftigen sich mit der Sicherung des Wohnungsbestandes und mit der Unterstützung von preiswertem Mietwohnungsbau.

3.2 Fazit: Chicago

Die wirtschaftliche Basis der Stadt hängt von den Dienstleistungen ab. Seit 1980 werden 200.000 neue Arbeitsplätze geschaffen und viele neue Unternehmen gegründet. Ein Schlüsselfaktor ergibt sich aus den standortlichen Relationen von Wohn- und Arbeitsstätten. Die weiße Bevölkerung, die im suburbanen Bereich der Stadt wohnt, arbeitet meist nicht mehr in Chicago, sondern am Stadtrand. Der arme Teil der Bevölkerung ist an Standorten zurückgeblieben, die oft wirtschaftlich mit den neuen Unternehmen nicht mehr mithalten können. Die ethnische Diskriminierung und die Benachteiligung der Afroamerikaner bilden einen entscheidenden Faktor sozialer Ungleichheit. Dies bleibt auch weiterhin ein großes Problem. Die Spaltung zwischen „Schwarzen" und „Weißen", sowie zwischen Afroamerikanern und Latinos ist ein Problem, das sich nur sehr schwer lösen lässt.

Die Märkte Chicagos werden voraussichtlich auch weiterhin von globaler Struktur bleiben. Chicago gilt als Verwaltungssitz vieler Wirtschaftsunternehmen, zum Teil von internationaler Bedeutung, und wird seinen zweiten Platz als Finanzzentrum in den USA behalten. Die Stadt besitzt zahlreiche wissenschaftliche Institutionen sowie ein modernes Ausstellungs- und Kongresszentrum. Es ist damit zu rechnen, dass der Tourismus weiteren Aufwind, vor allem durch Geschäftsreisende, erhalten wird (vgl. LAFRENZ 2001, S. 474-476).

Literaturverzeichnis:

- BODENSCHATZ, H. & KEGLER, H. (2000): Städtebaureform auf Amerikanisch: Projekte des New Urbanism. – in: Stadtbauwelt 91/145: S. 42-59.
- HAHN, B. (2004): New York, Chicago, Los Angeles - Global Cities im Wettbewerb. – in: Geographische Rundschau 56/4: S. 12-19.
- HEINEBERG, H. (2001): Stadtgeographie. – 2., aktualisierte Auflage. Paderborn
- HELD, G. (2004): Die Bedeutung der Schule von Chicago - Über die amerikanische Konstruktion eines zentralen Ortes. – in: Dortmunder Beiträge zur Raumplanung 116: S. 104-119.
- HOFMEISTER, B. (1986): Jüngere Veränderungen in der Struktur amerikanischer Städte. – in: Vechtaer Arbeiten zur Geographie und Regionalwissenschaft 2: S. 69-70.
- KASPER, B. (2004): Stadterneuerungspolitik in Chicago. – in: Dortmunder Beiträge zur Raumplanung 116: S. 69-103.
- LAFRENZ, J. (2001): Chicago – Transformationsprozesse der Metropole im Mittleren Westen der USA. – in: Hamburger Geographische Studien 49: S. 437-482.
- THIEME, G.& LAUX, H. (2005): Jenseits von „Black and White" - Suburbanisierung ethnischer Minderheiten in den USA. – in: Geographische Rundschau 57/10: S. 40-51.

BEI GRIN MACHT SICH IHR WISSEN BEZAHLT

- Wir veröffentlichen Ihre Hausarbeit,
  Bachelor- und Masterarbeit

- Ihr eigenes eBook und Buch -
  weltweit in allen wichtigen Shops

- Verdienen Sie an jedem Verkauf

Jetzt bei www.GRIN.com hochladen und kostenlos publizieren